Armin T. Wegner

Brief an Hitler

PH
V

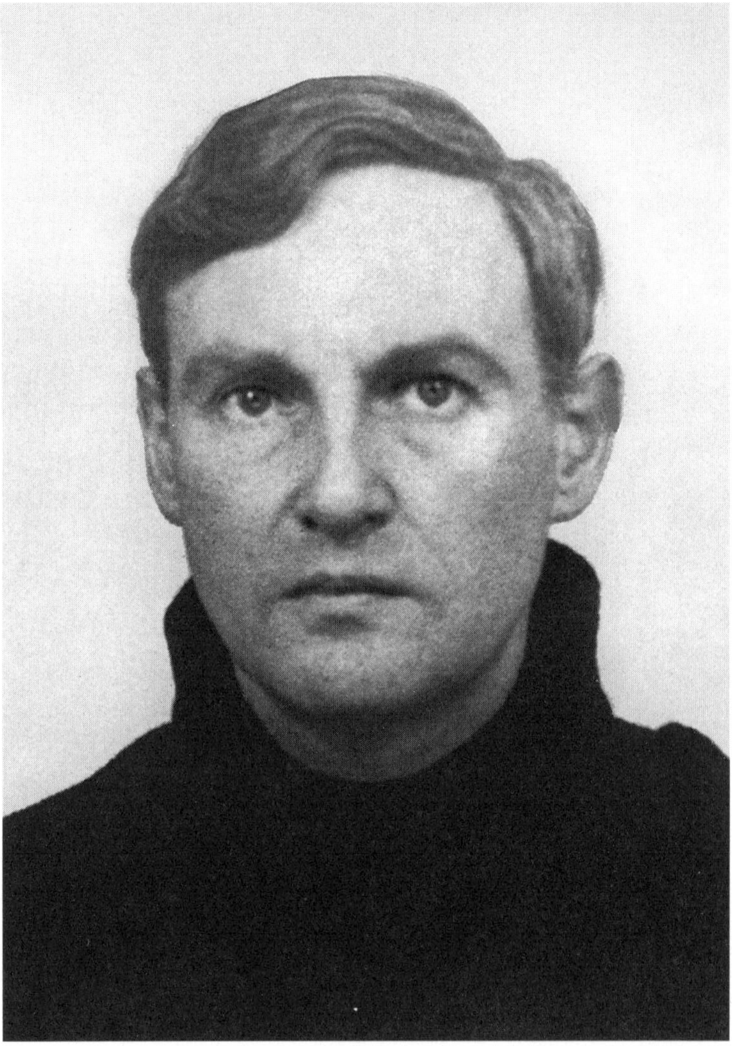

Armin T. Wegner

Brief an Hitler

Letter to Hitler

Lettre à Hitler

Mit einem Geleitwort von Wolfgang Thierse

Peter Hammer Verlag

Die Herausgabe wurde mit Mitteln
der City-Arkaden Wuppertal unterstützt.

Die Deutsche Bibliothek – CIP-Einheitsaufnahme
Ein Titeldatensatz ist bei
Der Deutschen Bibliothek erhältlich.

Englische Übersetzung von Silvia Samuelli,
bearbeitet von Jeremy Gaines.
Französische Übersetzung von Véronique Porra
Umschlaggestaltung und Typografie: Magdalene Krumbeck, Wuppertal
Druck: Westermann Druck, Zwickau

ISBN 3-87294-910-1

Armin T. Wegner

Brief an Hitler

Lektüre. Vor allem wünsche ich mir, dass dieses Leben nicht folgenlos bleibt. In Wegners »Brief an Hitler« heißt es: »Wenn alle schweigen, will doch ich nicht stumm bleiben«. Dieses Buch ruft dazu auf, nicht wegzusehen, nicht zu schweigen, sobald in unserer Gesellschaft Ausgrenzungen, Fremdenfeindlichkeit und Verächtlichmachung von Menschen erkennbar werden.

Wolfgang Thierse
Präsident des Deutschen Bundestages

ADOLF HITLER
KANZLEI:
MÜNCHEN 2, BRIENNERSTR. 45
FERNSPRECHER 54901-58348

MÜNCHEN, DEN 8. Mai 1933

Bo./St.

Herrn

Dr. jur. Armin T. W e g n e r,

C h a r l o t t e n b u r g,
Kaiserdamm 16

Sehr geehrter Herr Doktor!

Herr Hess hat mich beauftragt, Ihnen Ihr Schreiben vom 20. vor. Mts. zu bestätigen.

Das beigefügte, für den Führer bestimmte Schreiben wird diesem, sobald sich eine Gelegenheit findet, vorgelegt werden.

Mit deutschem Gruss!

i. A. Bormann

Erledigung verzögert
da nach Berlin, statt nach München gesandt.

7

Geleitwort

»Ich wende mich an Sie als ein Deutscher, dem die Gabe der Rede nicht geschenkt wurde, um sich durch Schweigen zum Mitschuldigen zu machen« – dieser Satz steht im Zentrum des heute kaum noch bekannten »Brief an Hitler«, den der Schriftsteller Armin T. Wegner zweieinhalb Monate nach der Machtergreifung der Nationalsozialisten schrieb. Die Boykotte gegen jüdische Geschäfte, die Ausgrenzung der Juden aus dem öffentlichen Leben, die immer brutaleren Ausschreitungen gegen jüdische Bürgerinnen und Bürger ließen ihn – im Gegensatz zu vielen anderen – nicht ruhen. Wegner wies die neuen Machthaber nachdrücklich auf die Verdienste von Juden um deutsche Kultur, Wirtschaft, Wissenschaft und Politik hin. Den rassistischen NS-Parolen von Deutschtum hielt er entgegen: »Es gibt kein Deutschtum ohne Gerechtigkeit.« Für seine mutigen Worte hat Armin T. Wegner einen hohen

Preis bezahlt: Verhaftung, Gefängnis, dann sog. »Schutzhaft« in den Konzentrationslagern Oranienburg, Börgermoor und Lichtenburg mit brutalen Misshandlungen. Wahrscheinlich rettete ihm nur eine Initiative englischer Freunde das Leben. Die Ausreise bedeutete auch den Gang ins Exil, der Wegner über London und Palästina nach Italien führte. Ruheloses Rei-sen, aber auch die Offenheit für andere Kulturen waren schon zuvor Charakteristika seines Lebensweges – ebenso wie ein unbestechlicher Blick für Ungerechtigkeit und eben der Mut zum offenen Widerspruch. Bereits der junge Armin T. Wegner, der im Ersten Weltkrieg als Sanitätsoffizier in der Türkei den Völkermord an den Armeniern erlebte, schrieb 1919 einen Protestbrief an den amerikanischen Präsidenten Wilson.

Armin T. Wegner gehört zu jenen Dichtern, deren Bücher bei den nationalsozialistischen Bücherverbrennungen im Mai 1933 öffentlich den Flammen übergeben wurden. Im Unterschied zu anderen ist sein Name heute fast in Vergessenheit geraten. Dabei hat er ein umfangreiches Œuvre hinterlassen, das von frühexpressionistischer Lyrik über umfangreiche Romane bis zu eindringlichen Reiseberichten reicht. Sein Lebenswerk wie sein Lebensweg stehen für das Denken und Handeln eines deutschen Weltbürgers, der jeglicher Form von Ausgrenzung und nationaler Überheblichkeit, von rassistischem Denken und menschenverachtendem Handeln entgegentrat.

Das, was heute so gerne Zivilcourage genannt wird, hat Armin T. Wegner unter ungleich schwierigeren, lebensgefährlichen Umständen immer wieder bewiesen. Es ist gut, dass sein Brief an Hitler durch die vorliegende Publikation wieder ins öffentliche Bewusstsein gerückt wird. Ich hoffe, dass sich viele ältere und jüngere Leser mit diesem Buch auseinander setzen – in der Schule, in der politischen Bildungsarbeit und bei privater

11

Die Warnung, 1933
Sendschreiben an den
deutschen Reichskanzler Adolf Hitler

Berlin, Ostermontag,
den 11. April 1933

Herr Reichskanzler! In Ihrer Bekanntgabe vom neunundzwanzigsten März des Jahres hat die Staatsregierung die Acht über die Geschäftshäuser aller jüdischen Bürger verhängt. Beleidigende Inschriften: »Betrüger! Nicht kaufen! Den Juden den Tod!« gemalte Wegweiser: »Nach Jerusalem!« leuchteten an den Spiegelscheiben, Männer mit Knüppeln und Faustbüchsen hielten vor den Türen der Läden Wache, und zehn Stunden lang hat man die Hauptstadt zum Schauplatz der Belustigung der Massen gemacht. Dann, zufrieden mit dem Eindruck dieser höhnischen Maßregel, hob man das Verbot des Handels wieder auf und die Straßen zeigten ihr gewohntes Bild. Aber ist, was nun folgte, nicht schlimmer? Jüdische Richter, Staatsanwälte und Ärzte werden aus ihren wohlverdienten Ämtern gestoßen, man sperrt ihren Söhnen und Töchtern die Schulen, treibt die Hochschullehrer von der Kanzel und schickt sie auf Urlaub, eine Gnadenfrist, die niemandem zweifelhaft sein kann, beraubt die Leiter von Schauspielhäusern, Schauspieler und Sänger ihrer Bühnen, die Herausgeber von Zeitungen ihrer Blätter, stellt ganze Handbücher über jüdische Dichter und Schriftsteller zusammen, um unter ihnen die Wächter der sittlichen Ordnung des Tages zur Stummheit zu verurteilen, und statt in seinen Geschäften trifft man das Judentum dort, wo seine für die Gemeinschaft edelsten Werte ruhen, im Geist.

Sie sagen, Herr Reichskanzler, das deutsche Volk sei verleumdet worden, seine Nachbarn beschuldigten es nichtswürdiger Taten, die es nicht verübt habe; aber sind Irrtum und üble Nachrede nicht immer die Vorläufer der Tüchtigkeit und des Ruhms? Ja, haben uns nicht die Juden gelehrt, eine solche Verleumdung als eine Ehre zu tragen? Denn es ist kein Zufall, daß so viele Juden auf deutschem Boden leben – es ist eine Folge gemeinschaftlichen Schicksals! Auf ihrer Wanderung durch die Jahrhunderte, von Spanien vertrieben, von Frankreich nicht aufgenommen, hat Deutschland diesem unglücklichen großen Volke seit einem Jahrtausend Obdach geboten. Der Jude gehorchte seiner inneren Berufung, wenn es ihn dorthin zog, wo sein Leben gesichert war, wohin höchste Gelehrsamkeit sein auf Bildung beflissenes Herz lockte; Deutschland aber, das zerstückelte, zwischen zahlreichen Feinden ringende Deutschland gehorchte der Lehre seiner Freiheit, wenn es dem Gehetzten Zuflucht bot. Soll die Tat eines Jahrtausends ausgelöscht werden für immer? Stets haben wir in fremden Erdteilen, in den Staaten des Westens, in Südamerika, in Rußland unter Selbstaufopferung anderen Völkern das Beste unserer

Kraft gegeben. Ein ewiger Wanderer auf der Erde fand der Deutsche für die wachsende, an überseeischen Besitzungen arme Heimat immer seine stärkste Sendung in der Welt. Deutsche Brückenbauer, Kaufleute, Siedler haben den Reichtum und Ruf aller Völker vermehrt. Hat man uns nicht um dieser Verdienste willen geschmäht in den Jahrzehnten vor dem großen Krieg bis zu dieser Stunde? Dürfen wir, die oft genug ein solches Unrecht erfuhren, das gleiche Leid einem anderen zufügen, der es ebensowenig verdient hat wie wir?

Gerechtigkeit war stets eine Zierde der Völker, und wenn Deutschland groß in der Welt wurde, so haben auch die Juden daran mitgewirkt. Haben sie nicht durch alle Zeiten sich dankbar für das Obdach erwiesen? Erinnern Sie sich, daß es Albert Einstein, ein deutscher Jude war, der Erschütterer des Raumes, der wie Kopernikus über sich in das All griff und der Erde ein neues Weltbild geschenkt hat! Erinnern Sie sich, daß Albert Ballin, ein deutscher Jude, der Schöpfer der großen Schiffslinie nach dem Westen gewesen ist, auf dem das mächtigste Schiff der Welt nach dem Lande der Freiheit zog, Ballin, der die Scham nicht ertragen konnte, daß der von ihm verehrte Herrscher sein Land im Stich ließ und deshalb Hand an sich legte? Erinnern Sie sich, daß es Emil Rathenau, ein deutscher Jude, war, der die Allgemeine Gesellschaft zur Erzeugung des geheimnisvollen Stromes von Kraft und Licht in fremden Ländern zu einem Weltwerk machte! Haber, ein Jude war es, der wie ein Zauberer in seiner Kolbenflasche der Luft den Stickstoff entwand, Ehrlich, ein Jude und ein weiser Arzt, der mit seinem Heilmittel gegen die Lustseuche diese schleichende Krankheit in unserem Volke beschwor. Selbst jenes sechzehnjährige Mädchen, das auf den Wettkämpfen in Amsterdam mit ihrem anmutigen Degen den Sieg Deutschlands erfocht, war eine jüdische Jungfrau, die Tochter eines Anwalts, eben eines jener Anwälte, die man im Begriff steht, schimpflich von unseren Gerichtshöfen zu vertreiben. Erinnern Sie sich – ach, ich müßte Blätter füllen, wollte ich nur ihre Namen aufzählen, deren Fleiß, deren Klugheit für immer in unserer Geschichte verzeichnet stehen. Denn, so frage ich Sie, haben alle diese Männer und Frauen ihre Taten als Juden vollbracht oder als Deutsche? Haben ihre Schriftsteller und Dichter eine jüdische Geistesgeschichte geschrieben oder eine deutsche, ihre Schauspieler die deutsche Sprache gepflegt oder eine fremde? Sind ihre großen Verkünder einer neuen Gesellschaftslehre die Wahrsager und Warner des jüdischen Volkes gewesen oder des deutschen, als sie ihren mahnenden Ruf erhoben, den wir zu unserem Unglück nicht hörten? Wir haben das Blutopfer zwölftausend jüdischer Männer im Kriege angenommen, dürfen wir mit einem Rest von Billigkeit im Herzen ihren Eltern, Söhnen, Brüdern, Enkeln, ihren Frauen und Schwestern verwehren, was sie sich durch viele Geschlechter erworben haben, das Recht auf Heimat und Herd?

Welches Verhängnis für jene, die das Land, das sie aufnahm, mehr liebten als sich selbst! Denn ist nicht der Jude, uns verwandt an Innerlichkeit, an Grübelei, zum Träger deutscher Gesittung und Sprache geworden bis tief nach Rußland hinein? In den Judengassen polnischer Dörfer tönen noch heute mittelhochdeutsche Weisen, wohin die Ahnen vertriebener Juden vor tausend Jahren zwar nicht das Gold dieser Länder, aber ihre Lieder entführten, die uns noch heute mit lauterem Schall aus ihrem Munde ergreifen, und die wir selbst achtlos vergessen haben. Wenn der Deutsche auf fremder Erde der Hilfe bedarf, wenn er Menschen sucht, die seine Sprache reden, wo findet er sie? Im Laden eines jüdischen Arzneihändlers im Kaukasus, in einer jüdischen Schneiderwerkstatt an den Brunnen der arabischen Wüste! Man hat jüdische Familien für ihr Bekenntnis zum Deutschtum in Polen beraubt und in das Gefängnis geworfen, an denen sich nun, nachdem sie nach Deutschland flüchteten, das gleiche Geschick wiederholt. Welche unglückliche Liebe! Denn Sie werden nicht glauben, daß Juden unser Land nicht zu lieben vermöchten, weil sie fremden Stammes sind. Haben sich nicht auch im deutschen Volke viele Stämme gemischt, Franken, Friesen und Wenden? War nicht Napoleon ein Korse? Kamen Sie selbst nicht zu uns aus einem Nachbarlande?... Hätten Sie mit mir die Tränen jüdischer Mütter gesehen, die von Verstörtheit bleichen Gesichter der Väter, die Augen der Kinder – Sie würden diese inbrünstige Neigung verstehen, wie sie nur Geschlechter empfinden können, die lange ruhelos umherzogen. Denn für sie ist die Scholle eine stärkere Bindung als für jene, die sie niemals verloren haben. »Ich liebe Deutschland«, hörte ich in diesen Tagen einen Sohn, eine Tochter zu ihren Eltern sagen, die bestürzt über die nicht endenden Bedrohungen der Stunde das Land für immer verlassen wollten. »Geht ihr allein!« erwiderten sie ihren Eltern. »Ja, eher wollen wir hier sterben, ich kann im fremden Land nicht glücklich sein!« Ist so viel Kraft des Gefühls nicht bewundernswert?

Herr Reichskanzler, es geht nicht um das Schicksal unserer jüdischen Brüder allein, es geht um das Schicksal Deutschlands! Im Namen des Volkes, für das zu sprechen ich nicht weniger das Recht habe als die Pflicht, wie jeder, der aus seinem Blut hervorging, als ein Deutscher, dem die Gabe der Rede nicht geschenkt wurde, um sich durch Schweigen zum Mitschuldigen zu machen, wenn sein Herz sich vor Entrüstung zusammenzieht, wende ich mich an Sie: Gebieten Sie diesem Treiben Einhalt! Das Judentum hat die babylonische Gefangenschaft, die Knechtschaft in Ägypten, die spanischen Ketzergerichte, die Drangsal der Kreuzzüge und sechzehnhundert Judenverfolgungen in Rußland überdauert. Mit jener Zähigkeit, die dieses Volk alt werden ließ, werden die Juden auch diese Gefahr überstehen – die Schmach und das Unglück aber, die Deutschland dadurch zuteil wurden, werden für lange Zeit nicht vergessen sein! Denn wen muß einmal der Schlag treffen, den man jetzt gegen die Juden führt, wen anders als uns selbst? Wenn Juden deutsche Art empfangen, unsern Reichtum gemehrt haben, so muß, wenn man ihr Dasein zerstört, diese Tat auch notwendig deutsche Güter vernichten. Die Geschichte lehrt uns, daß Länder, die Juden aus ihren Grenzen verjagten, dies stets durch Armut büßen mußten, daß sie der Verelendung und Mißachtung anheimfielen. Zwar schlägt man die Juden nicht mehr wie in den ersten Tagen auf der Straße nieder, man achtet ihr Leben öffentlich, um es ihnen im Geheimen auf qualvollere Weise zu nehmen. Ich weiß nicht, wieviele der Nachrichten wahr sind, die man sich im Volke zuflüstert. Ganze Stadtviertel werden der Plünderung preisgegeben, Inschriften flammen nachts über den Häusern auf, wimpelbehängte Lastwagen mit singenden Soldaten jagen heulend die Straßen entlang, und jedermann beobachtet mit Angst diesen Gießbach, der alles fortzureißen droht. In Zeitungen und Bildern aber fügt man in der schwersten Stunde, die man Menschen bereiten kann, zu der traurigen Erniedrigung den Hohn. Hundert Jahre nach Goethe, nach Lessing kehren wir zu dem härtesten Leid aller Zeiten, zu dem blinden Eifer des Aberglauben zurück. Besorgnis und Unsicherheit nehmen zu, die überfüllten Züge in das Ausland, Verzweiflungsklagen, Schreckensauftritte, Selbstmorde! Und während ein Teil des Volkes, das eine solche Haltung niemals vor seinem Gewissen verteidigen könnte, diesen Vorgängen zujubelt, in der Hoff-

nung auf einen Lohn, überläßt es die Verantwortung der Staatsregierung, die diese Maßregeln in kalter Austreibung fortsetzt, vielleicht noch schlimmer als ein Gemetzel, ja weniger entschuldbar als dieses, weil sie das Ergebnis ruhiger Überlegung ist und nicht anders enden kann, als in einer Selbstzerfleischung unseres Volkes.
Denn was muß die Folge sein? An die Stelle des sittlichen Grundsatzes der Gerechtigkeit tritt die Zugehörigkeit zu einer Art, einem Stamm. Was bisher im Leben des Volkes für die Verteilung der Ämter als entscheidend galt, waren nicht der Glaube noch die Sippe, sondern allein die vollendete Tat. Sie selbst haben den schöpferischen Geist als das kostbarste Besitztum eines Volkes gepriesen, als seine edelsten Kräfte seine Erfinder und Denker. Von nun an aber wird auch der Untüchtige, der Gewissenlose sich sagen dürfen: nur weil ich nicht Jude bin, werde ich dieses Amt bekleiden, mein Deutschsein genügt, ja, ich kann hinter seinem Schild vielleicht ungestraft eine üble Handlung begehen. In dem Augenblick, wo Kriecher und Schmeichler, nur um den neuen Herren dienstbar zu sein, sich vor einer ihnen fremden Lehre verbeugen, für die Sie und Ihre Freunde Leben und Ruf wagten, stellt man die Steckbriefe des Blutes aus, öffnet der Witterung niederer Naturen das Herz der Familien und läßt sie verfolgen, wenn es gilt, einen lästigen Wettbewerber zu entfernen. Kann selbst die Teilnahme am Krieg für die Kunst und Gabe eines Amtes entscheidend sein? Wenn Walter Rathenau heute lebte, der Minister des deutschen Volkes in seiner schwersten Zeit nach dem Kriege, dürfte er weder Arzt noch Rechtsanwalt sein, weil er nicht im Felde gestanden hat, sondern nur durch die vom Staate versäumte Einrichtung der Wirtschaft des Krieges die Heimat vor frühzeitigem Unterliegen bewahrte. Nicht aus dem Schützengraben, aus dem Hinterhalt des Friedens war die Kugel auf ihn

gerichtet, der er nicht weniger mutig die Brust entblößt hat. Die Unterscheidung des Guten und Bösen ist aufgehoben, und ist damit nicht die Gemeinschaft des Volkes selber in Frage gestellt? Sie werden mir erwidern, das deutsche Blut verbiete uns ehrloses Tun – gewiß, Herkunft und Erbe sind Verpflichtung, aber, so meine ich – weit mehr, sich für den Juden zu schlagen als gegen ihn. Mag es wahr sein, daß die Juden in neuer Zeit nicht viele Helden des Schwertes zu vergeben haben, wenn man sie mit den Kriegern unseres Volkes vergleicht. Dafür haben sie nicht weniger Weise, Blutzeugen und Heilige hervorgebracht. Auch die Retter des erwachten Volkes werden erkennen müssen, daß sie die Heiligen ebensowenig entbehren können wie jene, in denen die Stimme uralter Verkündigungen und des höchsten Sittengesetzes der Erde niemals zum Schweigen kam. Denn warum verfolgt man, warum haßt man diese merkwürdigen Fremden auf der Welt? Weil dieses Volk Gesetz und Gerechtigkeit über alles stellte, weil es das Gesetz wie seine Braut geliebt und geachtet hat, und weil jene, die Unrecht wollen, nichts so verabscheuen wie jene, die Recht fordern.

Herr Reichskanzler, die Völker wie die Menschen kennen einander nicht, das ist ihr größter Mangel. Haben die Deutschen sich je Mühe gegeben, etwas zu beachten, das sie von Jugend an als aussätzig mieden, ein Vorurteil, das sogar manche Juden ergriff, die sich ihrer bewunderungswürdigen Herkunft zu schämen begannen? Ja, was Sie und Ihre Freunde in Deutschland bekämpfen, wenn wir Ihren Worten trauen dürfen, sind in Wahrheit gar keine Juden mehr, sondern Abtrünnige, die verloren an Habgier und Sinnlichkeit die Verpflichtungen ihres Glaubens einbüßten, und die von ihren jüdischen Brüdern nicht weniger verworfen werden als von den Deutschen. Haben die Deutschen besser gehandelt? Beklagen sich nicht die Schatzmeister der großen Geldvermögen nur deshalb über die jüdischen, weil sie selbst an ihre Stelle treten wollen? Haben denn die deutschen Bürger die Zinsen ihrer Guthaben und Häuser herabgesetzt? Und kann man selbst die Verirrungen einiger Hunderte, die in dem uralten Streit dieses Volk zwischen Sünde und Heiligkeit den tiefsten Zug ihrer Rasse verraten haben, dadurch strafen, daß man Scharen Unschuldiger dafür opfert? Haben wir die Blutrache nicht aufgehoben zugunsten der Verantwortung des einzelnen? Sie rufen in Ihren Reden den Allmächtigen an – ist es nicht aber auch eine Allmacht, welche die Zerstreuten dieses Volkes unter die Deutschen gemischt hat wie das Salz unter den Brotteig? Sind sie nicht für uns gesellschaftlich und sittlich eine Notwendigkeit durch ihre richtende Art, die uns Schwächen wie Vorzüge des eigenen Wesens deutlicher unterscheiden läßt? Sie berufen sich darauf, daß Deutschland sich in einer Notlage befinde, aber statt die Sache aller Unterdrückten zu führen, beruhigt man das Unglück des einen Teiles des Volkes durch das Unglück des andern, ja, man gibt sogar zu, daß die Schuld der Juden zum Heile des Vaterlandes notwendig sei. Doch es gibt kein Vaterland ohne Gerechtigkeit! Unter hundert Deutschen befindet sich stets ein Jude, und dieser soll stärker sein? Setzt nicht ein mächtiges Volk sich selbst herab, wenn es Wehrlose dem Haß Enttäuschter preisgibt? Sie sprechen von den Juden, die durch ihre Anmaßung Feindschaft wecken. Geschah dies ganz ohne unser Zutun? Wenn Juden dazu beitrugen, den Boden umstürzlerischer Gedanken zu bereiten, erfolgte ihre Empörung nicht deshalb, weil wir sie ungerecht behandelten? Sind wir ihnen nicht von Jugend auf mit Kränkung begegnet, und erzeugt nicht jede Schicksalsgemeinschaft ebenso wie ein gemeinsames Recht eine gemeinsame Schuld? Ich bestreite diesen törichten Glauben, daß alles Unglück in der Welt von

den Juden herrühre, ich bestreite ihn mit dem Recht, den Beweisen, mit der Stimme der Jahrhunderte, und wenn ich diese Worte an Sie richte, so geschieht es, weil ich keinen anderen Weg mehr weiß, mir Gehör zu verschaffen. Nicht als Freund der Juden, als Freund der Deutschen, als Sproß einer preußischen Familie, welche die Geschichte ihrer Ahnen bis in die Tage der Kreuzzüge verfolgen kann, aus Liebe zu meinem eigenen Volke richte ich diese Worte an Sie. Wenn alle in diesen Tagen stumm bleiben, will doch ich nicht länger schweigen gegenüber den Gefahren, die Deutschland dadurch drohen.
Die Meinung der Masse schlägt leicht in ihr Gegenteil um. Bald kann es geschehen, daß sie verdammt, was sie heute stürmisch fordert. Wieviel Zeit auch vergehen mag, einmal naht die Stunde der Erlösung der Gemarterten so gut wie dem Übeltäter die Strafe. Der Tag wird kommen, wo der erste April dieses Jahres nur noch eine schmerzliche Scham in der Erinnerung aller Deutschen hervorrufen wird, wenn sie einst im Herzen das Urteil über ihre Taten fällen. Wenn Deutschland wirklich verleumdet wurde, bedurfte es dann einer solchen Maßregel, nur um ein gutes Gewissen zu verteidigen? Man versichert uns, daß sich das Ausland völlig beruhigt habe. Warum also setzt man in der Stille diese Verfolgungen fort? Gab es nicht ein einfacheres Mittel, jeder Verleumdung über verübte Missetaten zu begegnen: Nicht die Juden zu erniedrigen, sondern ihnen Beweise der Freundschaft zu geben? Muß nicht jede böse Nachrede alsbald schweigen vor den Handlungen der Einsicht und Liebe, ist nicht die beste Bekehrung immer die der guten Tat?

Herr Reichskanzler! Aus der Qual eines zerrissenen Herzens richte ich diese Worte an Sie, und es sind nicht die meinen, es ist die Stimme des Schicksals, die Sie aus meinem Munde mahnt:

Schützen Sie Deutschland, indem Sie die Juden schützen. Lassen Sie sich nicht beirren durch die Männer, die mit Ihnen kämpfen! Sie sind schlecht beraten! Fragen Sie Ihr Gewissen wie in jener Stunde, da Sie vom Kriege heimkehrend inmitten einer entfesselten Welt allein den Weg Ihrer Kämpfe begannen. Immer ist es das Vorrecht großer Seelen gewesen, einen Irrtum einzugestehen. Wessen die Menge bedarf, ist ein sichtbares Zeichen. Führen Sie die Verstoßenen in ihre Ämter zurück, die Ärzte in ihre Krankenhäuser, die Richter auf das Gericht, verschließen Sie den Kindern nicht länger die Schulen, heilen Sie die bekümmerten Herzen der Mütter, und das ganze Volk wird es Ihnen danken. Denn wenn Deutschland auch vielleicht die Juden zu entbehren vermag, was es nicht entbehren kann, sind seine Ehre und seine Tugend!
»Es gibt nur einen wahren Glauben«, ruft der weise Immanuel Kant aus der Gruft seines hundertjährigen Grabes Ihnen zu, »wenn es auch verschiedene Bekenntnisse geben mag.« Folgen Sie dieser Lehre, die Ihnen auch das Verstehen jener offenbaren wird, die Sie heute bekämpfen. Was wäre ein Deutschland ohne Wahrheit, Schönheit und Gerechtigkeit? Zwar wenn einmal die Städte zertrümmert liegen, die Geschlechter verbluteten, wenn die Worte der Duldsamkeit für immer verstummten, werden die Berge unserer Heimat noch zum Himmel trotzen und über ihnen die ewigen Wälder rauschen, aber sie werden nicht mehr von der Luft der Freiheit und Gerechtigkeit unserer Väter erfüllt sein. Mit Scham und Verachtung werden sie von den Geschlechtern künden, die nicht nur das Glück des Landes leichtfertig auf das Spiel setzten, sondern auch sein Andenken für immer geschändet haben. Wir wollen Würde, wenn wir Gerechtigkeit fordern. Ich beschwöre sie! Wahren Sie den Edelmut, den Stolz, das Gewissen, ohne die wir nicht leben können, wahren Sie die Würde des deutschen Volkes!

Preface

»I address you as a German who was not given the gift of speech in order then to become a silent accomplice« – this sentence is to be found at the heart of the »Letter to Hitler«. Almost forgotten today, it was written by the author Armin T. Wegner two and a half months after the Nazis seized power. The boycotts of Jewish businesses, the ostracization of Jews from public life, the ever more brutal attacks on Jewish citizens – all this convinced him that, unlike many others, he could not remain silent. Wegner expressly drew the attention of the new rulers to what Jews had accomplished in the service of German culture, business, science, and politics. He countered the racist Nazi slogans by stating: »There is no fatherland without justice!«

Armin T. Wegner paid a high price for his courageous words: he was arrested, incarcerated, then placed in »custody« in the

Oranienburg, Börgermoor and Lichtenburg concentration camps where he was brutally mistreated. His life was probably saved only thanks to the initiative of English friends. Leaving Germany also meant treading the path into exile, and it took Wegner via London and Palestine to Italy. Wegner's life hitherto had been characterized by restless travels and an open mind for other cultures – and he had always shown an unerring eye for injustice and courage to openly contradict others. The young Armin Wegner, who as an Army medical officer experienced first hand the genocide of the Armenians in Turkey during the First World War; wrote a letter of protest to President Wilson in 1919.

Armin T. Wegner is one of those authors whose books were publicly cast into the flames when the Nazis set about building bonfires of books in May 1933. Unlike the others, today his name has all but been forgotten. Yet he has bequeathed us a wide-ranging oeuvre, ranging from early Expressionist poems to extensive novels and incisive travel writings. His life's work, like the path his life took, stand for the thought and deeds of a German cosmopolitan who openly opposed any form of ostracization and national superiority, racist thought and inhuman action.

What today many would call the courage to stand up for your own convictions was something Armin T. Wegner repeatedly did – under far more difficult conditions, risking his life in the process. It is a very good thing that thanks to the present publication his »Letter to Hitler« is again being placed in the public limelight. I hope that many older and younger readers will concern themselves closely with the topic – at school, in political education and when reading it in private. And first and foremost I sincerely hope that they take it to heart.

Wegner writes in his »Letter to Hitler«: »If all remain silent today, this does not prevent me from no longer wishing to hold my tongue.« This book appeals to us all not to avert our gaze or remain silent when in our society today ostracization, xenophobia or disparagement of others raise their ugly heads.

Wolfgang Thierse
President of the German Parliament

27

Letter to Hitler

Berlin, Easter
Monday, 1933

Dear Herr Reich Chancellor! With your statement of 29 March of this year, the Government decreed that all Jewish citizens be forbidden to carry on with their commercial enterprises. Offensive inscriptions such as »Swindlers! Don't buy«, »Death to the Jews«, or painted signs stating »This way to Jerusalem« appeared on shop windows, men holding clubs and pistols held watch at the doors, and for ten hours the capital was turned into a venue offering amusement for the masses.Eventually, satisfied with the impression left by such this derisive punishment, the prohibition was lifted and the streets returned to normal. But is not that which then followed not even worse? Jewish judges, public prosecutors, and doctors are discharged from the positions they duly deserve, schools are closed to their sons and daughters, university teachers are chased from their lecterns and sent on leave – a concession which can rouse no suspicion – theatre directors, actors and singers are driven from the stage, publishers are forbidden to issue their newspapers, entire manuals are compiled listing Jewish poets and authors in order to condemn to silence the guardians of moral order among them. And instead of meeting Jews in their businesses, we now encounter them at that place where the noblest values they offer the community are to be found: in the mind.

You state, Herr Reich Chancellor, that the German people has been slandered, that its neighbors have accused it of unworthy deeds that it has not committed, but have not error and slander always preceded honor and glory? Indeed, have the Jews not taught us how it is an honor to endure such slander? For it is surely no coincidence that so many Jews live on German soil – this is surely the result of a common destiny! This great but unhappy people, after centuries of wandering, after being expelled from Spain and refused by France, has been given hospitality by Germany for a thousand years. The Jew obeyed his inner calling when going where his life was secure, where the greatest scholarship attracted his heartfelt interest in education. Germany, fragmented and struggling to survive amidst so many enemies, offered these victims of persecution a safe haven, and in doing so complied with its very own doctrine of liberty. Shall the deed of a thousand years now be extinguished forever? We have always born great self-sacrifice and given other nations the best of our abilities, in states to the West, in South America, in Russia. The eternal wanderer across the face of the earth, the German was always the strongest message our growing fatherland, so poor in foreign territories, sent out into the world. The German bridge-builders, merchants and settlers have all contributed to the good name and the growing prosperity of all peoples. And for these merits have we not been denigrated before the first Great War and even now? May we who so often have experienced such injustice inflict the same grief on others who, like us do not deserved it?

Justice has always been a source of pride for all peoples; if Germany has become a great nation in the world, then this is also attributable to the Jews. Have they not always shown themselves grateful for the protection offered them? Do you not remember Albert Einstein, a German Jew, a scientist who revolutionized our notion of space, a man who like Copernicus devoted himself to the study of the universe and has given the earth a new image of the world? Do you remember Albert Ballin, the German Jew who created the greatest shipping line plying the Western route, along which the world's largest ship then set sail for the land of opportunity. Ballin, who could not endure the shame that the sovereign he so revered left his country in the lurch, and thus committed suicide! Do you not remember Emil Rathenau, a German Jew, who turned the Allgemeine Gesellschaft that generated the mysterious energy that powers light in foreign countries into a world enterprise? And what of Haber, a German Jew who with his flask extracted nitrogen from the air? And what about Ehrlich, a German Jew and wise doctor who with his treatment defeated syphilis, a stealthy disease attacking our people? And what about the 16 year-old girl who won the World Championship in fencing in Amsterdam, gaining a victory for Germany, that Jewish maiden, the daughter of an attorney, one of those we are now so shamefully attempting to expel from our courts. Do you remember all the people – and many would be the reams of paper I would fill to pen all their names – whose diligence and intelligence have forever left their mark on our history? And thus I ask you, did all these men and women act as Jews, or as Germans? Did the authors and poets write the history of German or of Jewish thought? Did their actors nurture the German language or a foreign language? Did their great champions of a new social doctrine prophesy the future and act as harbingers of doom for the Jewish or for the German people when they raised their voices in admonishment, not that we heeded them? We accepted the sacrifice of blood shed during the War by 12,000 Jews. How can we now, assuming we harbor still the slightest sense of justice in our hearts, deny their parents, children, brothers, grandchildren, their wives and sisters that which they have rightly earned down through the generations, namely, the right to a fatherland and a home?

How unfortunate for they who have loved the country that opened its borders to them, more so than they did themselves! And has not the Jew, so bound to us by the same introspection, the same inner doubts, not become the champion of German morals and language deep into remote Russia itself? In the Jewish lanes of Polish villages German medieval songs can still be heard, whence the ancestors of Jews persecuted a thousand years ago brought not gold but the touching melodies they still sing so loud today and which we have so carelessly forgotten. If a German needs help in a foreign land, if he looks for someone who speaks his own language, where can he find him? In the chemist's shop of a Jew in the Caucasus, or in the Jewish tailor's shop near the well in an Arabian desert! In Poland, Jewish families that had pinned their colors to the Teutonic mast were robbed and thrown into prison, and having taken refuge in Germany they are now subject to the same fate? What wretched love! For you surely do not believe that Jews did not then love our country because they are of a foreign tribe. Is not the German people itself a mixture of countless tribes, of Franks, Friesians and Wends? Was not Napoleon a Corsican? Did not you yourself come to us from a neighboring country?... Had you been at my side and seen the tears of the Jewish mothers, the confusion on the fathers' pale faces, the children's eyes, you would have understood this heartfelt attachment such as can only be felt by races who have long wandered restlessly. For they feel a stronger bond to their native soil than those who have never lost it. »I love Germany«, I recently heard a son, a daughter say to their parents who, appalled by the never-ending present threats, wanted to leave the country forever. »Go without us«, they told their parents, »we prefer to die here rather than be happy in a foreign country«. Is such a strong feeling not to be admired?

Herr Reich Chancellor, it is not only a question of the fate of our Jewish brothers, the very fate of Germany is at stake! In the name of the people for whom I have the right and no less the duty to speak, like any other of the same blood, as a German who was not given the gift of speech in order then to become a silent accomplice and whose heart is pounding with indignation, I address you: Put a stop to all this! Judaism survived the Babylonian captivity, slavery in Egypt, the Inquisition in Spain, the misfortunes of the crusades, and 1,600 pogroms in Russia. The same toughness that has allowed the Jews to survive as an ancient people, will help them overcome this danger, but the resulting shame and misfortune that will befall Germany will for a long time not be forgot! In fact who is going to suffer from the beating we are now inflicting to the

Jews if not we ourselves? If the Jews have donned German customs and have increased our wealth, then, if their existence is destroyed this will necessarily result in the ruin of German riches. History teaches us that those nations which expelled the Jews paid for their crimes by incurring poverty, misery and contempt. Although the Jews are not being beaten in the streets as they were at the beginning, in public they are granted respect but only to rob them even more painfully of it covertly. I do not know how much of what is rumored is actually true. Whole areas of the city are left to be plundered, slogans flare up on houses overnight, trucks festooned in flags and full of singing soldiers go crashing down the streets, while we all stare with dismay at this growing torrent which threatens now to tear everything away with it. In this, the most difficult hour one can inflict on others, the newspapers and illustrations simply add derision to the humiliation. One hundred years after Goethe and Lessing, we are regressing to blind superstition, that source of the most miserable sufferings of all times. Anxiety and insecurity are on the rise, together with despair, terror and suicides! And while a part of the population hoping to profit from events that their conscience could never justify, applauds the occurrences, it leaves all responsibility to the government which with cold resolution persists in pursuing these policies, worse than slaughter and perhaps less pardonable than such, for they are the result of calm deliberation and can but end with the self-destruction of our people.

For what will inevitably occur? The moral principle of justice is now replaced by membership of a race, a tribe. What hitherto decided over the allocation of offices in the life of a people was not belief nor tribe, but only accomplished deed. You yourself have praised the creative spirit as a people's most precious good, you yourself have praised thinkers and inventors as the noblest resources of a people. Yet henceforth any inept and unscrupulous person will be able to say to himself. »I can hold this office just because I am not a Jew, my being German is enough. And hiding behind this shield I may even get away with an evil deed.« The moment flatterers and toads, just to do their new master a service, submit to a doctrine that is alien to them, and for which you and your friends have risked your necks and reputations, then warrants of arrest in the name of blood are issued, baser natures hunt and tear open the heart of families and have their members persecuted if it helps get rid of a bothersome rival. Can the mere participation in a war decide an individual's skill and talents for an office? If Walter Rathenau, a minister who served the German people in its most difficult period after the War, were still alive, he could not be a doctor or an attorney for he never fought on a battlefield and instead only rescued his country from an early defeat by organizing the war economy, something the state had otherwise failed to do. He turned to face the bullet which hit him in a time of peace with no less courage than if he had been shot on the field of battle. Distinction between good and evil has vanished, and as a result has not the community of the people itself now questionable? You may reply that our German blood prevents us from acting dishonorably, and origins and heritage are obligations, but, in my opinion, we have greater obligations to fight »for« than »against« the Jews. True, in recent times the Jews may not have given many heroes to their fatherland on the battlefield compared to the warriors of our people. Yet they have made up for this with wise men, martyrs and saints. Even the saviors of an awakened people should admit that they cannot do without such saints; their voices have never failed to remind us of the most ancient prophecies and the highest moral law on earth. So why then are these extraordinary foreigners being persecuted, why are they so much hated throughout the world? Only because this people have placed law and justice above all else, because they have loved and respected law as if it were their bride and because nobody is more hated than the upholders of justice by those who want injustice.

Herr Reich Chancellor, nations and individuals are estranged from each other, this is the worst evil. Have the Germans ever tried to consider something they have avoided like the plague from youth onwards, a prejudice spreading now even among some Jews who are beginning to be ashamed of their admirable origins? Yes, the people you and your friends are now fighting in Germany – if we are to believe your words – are no longer Jews, but renegades overwhelmed by greed and sensuality, people who have forgotten the duties attendant on their faith, rejected both by their Jewish brothers and by the Germans. Have the Germans by any chance acted better? Do the custodians of great monetary assets not blame the Jews only because they would like to be in their shoes? Have the German citizens, by any chance, lowered the interest rates they charge on loans and house rents? Is it possible to punish the mistakes of a few hundred who in the ancient struggle of this people between holiness and sin, have betrayed the deepest yearnings of their race by sacrificing hosts of innocent lives? Have we not rejected vengeance in blood in favor of the responsibility of the individual? In your speeches you often evoke the Almighty but was it not perhaps Almighty God Himself who sprinkled this scattered people among the Germans like salt in bread dough? Are they not socially and morally necessary for us by virtue of their integrity which enables us to distinguish the merits and faults of our own nature more clearly? You say that Germany is in a dire state, but instead of defending the cause of all those oppressed, you are now attempting to assuage the suffering of one section of the population with the suffering of another; some even say that it is necessary for the Jews to bear guilt for the salvation of the fatherland. Yet there is no fatherland without justice! There is one Jew for every hundred Germans, so how can the Jew purportedly be stronger? Does not a powerful people sink low if it exposes defenseless people to the mercy of the hatred of the frustrated? You speak of Jews whose presumptuousness apparently stirs up animosity. Has this by any chance happened without any part played by us? When the Jews contributed to the spread of revolutionary ideas, did not their indignation not arise in their being treated unjustly? Have we not offended them ever since we were young and does not a common destiny create not only mutual rights but mutual guilt, too? I contest some stupid belief that all the evil in the world comes from the Jews. I contest it on the basis of law, the evidence and the voice of a century-old history. And if I now address these words to you, it is simply because I can find no other way to make myself heard. Not as a friend of the Jews, but as a friend of the Germans, the son of a Prussian family who can traces its line back to the Crusades by name, out of love for my own people I appeal to you. If all remain silent today, this does not prevent me from no longer wishing to hold my tongue in the light of the dangers that threaten Germany.

The masses can easily change their minds. They may soon condemn that for which they are now so passionately clamoring. However much time should pass, the hour of salvation for the tormented is approaching together with the punishment of perpetrators. The day shall come when April 1 of this year will only call forth painful shame in the memories of Germans, when they judge their actions from the depth of their hearts. If Germany has really been slandered, would it need these policies merely in order to defend a clear conscience? We are told that other nations are now no longer concerned. Why then are persecutions still being carried out covertly? Was there not a simpler way of countering such slanderous rumors about our crimes, namely not by humiliating the Jews but by showing them signs of friendship? Would not all slanderous tongues fall silent immediately in the presence of acts of love and common sense? Is not a good deed always the best form of persuasion?

Herr Reich Chancellor, I am addressing these words to you, words that spring from a torn and tormented heart. But they are not mine but rather the voice of destiny warning you through my mouth: Protect Germany by protecting the Jews. Do not allow people around you to mislead you! You are badly advised! Question your conscience as you did when returning from the War you walked through an untrammeled world and decided to start out on your own battle. Admitting a mistake has always been a quality of great souls. There are now clear signs of what the people need. Let those who have been banned from office return to their posts, send back the doctors to the hospitals, the judges to the courts, open the schools to the children, heal their mothers' grieving hearts and the entire people will thank you. For even if Germany might be able to do without the Jews, she cannot do without her virtue and her honor!

»There is only one true faith«, Immanuel Kant wisely admonishes you from the crypt where he has lain a hundred years, »even if there may be many different creeds«. If you follow this doctrine you will be able to understand also those you are now fighting. What would Germany be without truth, beauty and justice? One day, should towns be just a heap of rubble, should races be left lying in their blood, should voices of tolerance be silenced for ever, the mountains of our fatherland will still rise up against the sky in defiance and above them the eternal forests will rustle, but they will no longer breathe the air of other fathers, that air of liberty and justice. With shame and scorn they will tell of a race that not only thoughtlessly jeopardized the destiny of the country but brought also eternal dishonor upon its memory. When we demand justice, we want dignity. I beg you! Defend that nobility of mind, that pride and conscience without which we cannot live. Defend the dignity of the German people!

» C'est comme Allemand, à qui le don de la parole n'a pas été fait pour qu'il se rende complice en se taisant, que je m'adresse à vous « : voici la phrase qui figure au centre de cette » Lettre à Hitler «, presque oubliée de nos jours, et que l'écrivain Armin T. Wegner rédigea deux mois et demi après la prise du pouvoir par les nationaux-socialistes. Le boycott des commerces juifs, l'exclusion des Juifs de la vie publique, les exactions de plus en plus brutales contre les citoyens juifs ne cessaient de le tourmenter, contrairement à beaucoup d'autres. Wegner attirait l'attention des nouveaux détenteurs du pouvoir sur ce que les Juifs avaient apporté à la culture, à l'économie, à la science et à la politique allemandes. Aux paroles racistes des nationaux-socialistes qui se réclamaient de l'âme allemande, il répondait : » Il n'y a pas d'âme allemande sans justice «. Armin T. Wegner a payé cher ces paroles courageuses :

arrestation, prison, puis ce que l'on appelait » détention préventive « dans les camps de concentration d'Oranienburg, de Börgermoor et de Lichtenburg, où il subit sévices et brutalités. Il ne dut vraisemblablement la vie qu'à l'initiative d'amis anglais. Le départ signifiait aussi la voie de l'exil, un exil qui, après Londres et la Palestine, mena Wegner en Italie. Mais auparavant déjà, sa vie était caractérisée par des voyages incessants, par une ouverture aux autres cultures, tout comme par le regard implacable qu'il portait sur l'injustice et par ce courage à faire publiquement acte d'opposition.

Déjà, le jeune Armin Wegner, qui durant la Première Guerre mondiale avait été témoin du génocide des Arméniens alors qu'il était officier du service de santé en Turquie, avait écrit une lettre de protestation au président américain Wilson.

Armin T. Wegner fait partie de ces poètes, dont les livres ont été livrés aux flammes lors des » autodafés « de mai 1933. Contrairement à d'autres, son nom, de nos jours, est presque tombé dans l'oubli. Il a pourtant laissé une œuvre importante, qui va d'une poésie dans le style du premier expressionnisme à des récits de voyage saisissants en passant par de volumineux romans. Son œuvre comme sa vie témoignent de la pensée et de l'action d'un Allemand, citoyen du monde, qui s'opposa à toute forme d'exclusion et d'arrogance nationale, de pensée raciste et d'action perpétrée au mépris de l'être humain.

Dans des conditions infiniment plus difficiles, au péril de sa vie, Armin T. Wegner a toujours fait preuve de ce que l'on nomme aujourd'hui le » courage civique «. C'est une bonne chose que sa » Lettre à Hitler «, par la présente édition, soit de nouveau signalée à la conscience publique. J'espère que de nombreux lecteurs, jeunes et vieux, aborderont ce livre, dans les écoles, dans le travail d'éducation politique ou par une lecture personnelle. Je souhaite surtout que cette lecture ne reste pas sans suite. Il est dit dans la » Lettre à Hitler « : » Si tous gardent le silence, je refuse, moi, de me taire «. Ce livre est un appel à ne pas détourner son regard lorsqu'apparaissent, dans notre société, l'exclusion, la xénophobie et le mépris de l'être humain.

Wolfgang Thierse
Président du Bundestag allemand

43

Lettre à Hitler

Berlin, lundi de Pâques
le 11 avril 1933

Monsieur le Chancelier du Reich ! Dans votre proclamation du vingt-neuf mars de cette année, le gouvernement d'État a proscrit les commerces de tous les citoyens juifs. Des inscriptions injurieuses » Voleurs ! Ne pas acheter ! Mort aux Juifs ! «, des panneaux indiquant la direction » Jérusalem « ont été peints sur les glaces des devantures, des hommes armés de matraques et revolver au poing ont monté la garde devant les magasins et, dix heures durant, l'on a fait de la capitale le théâtre du divertissement des masses. Puis, satisfait de l'impression laissée par ces mesures de dérision, on leva l'interdiction du commerce et les rues recouvrirent leur visage habituel. Mais ce qui suivit n'est-il pas plus grave encore ? Des magistrats, des avocats, et des médecins juifs sont démis de fonctions qu'ils ont pourtant méritées, on interdit l'accès des écoles à leurs fils et à leurs filles, on chasse les professeurs d'Université de leur chaire et, par un délai de grâce qui ne trompe personne, on les met d'office en congés ; on prive les directeurs de théâtres, les acteurs et les chanteurs de leurs scènes, les éditeurs de presse de leurs journaux, on dresse des registres entiers de poètes et d'écrivains juifs afin de condamner au silence ceux d'entre eux qui pourraient se faire les gardiens de l'ordre moral du moment, et plutôt que dans ses commerces, on touche le judaïsme là où reposent les valeurs les plus nobles pour la communauté : dans l'esprit.

Vous dites, monsieur le Chancelier du Reich, que le peuple allemand a été calomnié, que ses voisins l'ont accusé de faits indignes qu'il n'a pas commis ; mais l'erreur et la médisance ne sont-elles pas toujours les signes précurseurs du mérite et de la gloire ? Les Juifs, justement, ne nous ont-ils pas enseigné à porter une telle calomnie comme un honneur ? Car ce n'est pas le fait du hasard si tant de Juifs vivent sur le sol allemand, c'est la conséquence d'un destin commun ! Dans leur migration à travers les siècles, alors qu'ils étaient chassés d'Espagne, alors que la France refusait de les accueillir, c'est l'Allemagne qui, depuis un millénaire, a offert un refuge à ce grand peuple dans le malheur. En partant vers des lieux où sa vie était assurée, où la plus grande érudition attirait son cœur épris de culture, le Juif obéissait à sa voix intérieure; mais en offrant un refuge aux persécutés, l'Allemagne, cette Allemagne morcelée luttant au milieu de nombreux ennemis obéissait, elle, au précepte que lui dictait sa liberté. L'action d'un millénaire doit-elle à jamais être effacée ? De tout temps, nous nous sommes dévoués et avons donné le meilleur de nos forces à d'autres peuples sur des terres étrangères, dans les États de l'Ouest, en Amérique du Sud, en Russie. Promeneur éternel sur la terre, c'est dans le vaste monde que l'Allemand a toujours trouvé sa plus forte vocation et l'a mise au service d'une patrie en plein essor mais pauvre en possessions d'outre-mer. Des bâtisseurs de ponts, des marchands, des colons allemands ont augmenté la réputation et la richesse de tous les peuples. N'est-ce pas précisément pour ces mérites que nous avons dû endurer tant d'outrages dans les décennies précédant la Grande Guerre et jusqu'à cette heure ? Avons-nous le droit, nous qui avons plus qu'à notre tour subi l'injustice, d'infliger le même tort à autrui, qui ne l'a pas plus mérité que nous ?

La justice a de tout temps été l'honneur des peuples, et si l'Allemagne a aujourd'hui acquis une grandeur dans le monde, c'est aussi parce que les Juifs y ont travaillé. N'ont-ils pas toujours fait preuve de gratitude pour le refuge que nous leur offrions ? Rappelez-vous que c'est Albert Einstein, un Juif allemand qui, bouleversant l'espace, a, comme Copernic, remodelé l'univers pour donner à la terre une nouvelle image du monde ! Rappelez-vous que c'est Albert Ballin, un Juif allemand, qui a fondé la grande ligne de navigation vers l'Ouest, sur laquelle le plus puissant bateau du monde partit vers le pays de la liberté, Ballin qui n'a pu supporter la honte de voir le souverain qu'il respectait laisser son pays dans la détresse et qui se suicida ? Rappelez-vous que c'est Emil Rathenau, un Juif allemand, qui a fait de la compagnie générale pour la fabrication de ce mystérieux courant d'énergie et de lumière une entreprise mondiale ! Haber, juif aussi, qui tel un magicien a séparé l'azote de l'air dans son éprouvette, Ehrlich, un Juif et un médecin avisé, qui, grâce à

son remède contre la syphilis, éradiqua de notre peuple cette sournoise maladie. Même cette jeune fille de seize ans qui, dans les compétitions d'Amsterdam, remporta la victoire pour l'Allemagne du bout de son épée gracieuse, était une jeune fille juive, justement la fille de l'un de ces avocats que l'on s'apprête à chasser de façon infamante de nos cours de justice. Rappelez-vous, ah ! il me faudrait remplir des pages entières, si je voulais seulement tous les citer, rappelez-vous ceux dont le labeur et l'intelligence restent à jamais gravés dans notre histoire. Car, je vous le demande, est-ce comme Juifs ou comme Allemands que ces hommes et ces femmes ont accompli leurs actions ? Leurs écrivains et leurs poètes ont-ils écrit une histoire de l'esprit juive ou allemande, leurs acteurs ont-ils servi la langue allemande ou une langue étrangère ? Leurs grands prédicateurs d'une nouvelle sociologie ont-ils prévenu le peuple juif ou le peuple allemand lorsqu'ils ont lancé leur appel de mise en garde, appel que, pour notre malheur, nous n'avons pas entendu ? Nous avons accepté que douze mille hommes juifs fassent sacrifice de leur sang dans la guerre ; avons-nous le droit, s'il reste en notre cœur une part d'équité, de refuser à leurs parents, leurs fils, leurs frères, leurs petits-enfants, leurs femmes, leurs filles ce qu'ils ont mérité depuis de nombreuses générations : le droit d'avoir une patrie et un foyer ?
Quel funeste destin pour ceux qui aimaient plus qu'eux-mêmes le pays qui les a accueillis ! Car le Juif ne nous est-il pas apparenté par la profondeur de son âme et de sa réflexion, lui qui est devenu le représentant de la civilité et de la langue allemandes jusqu'au plus profond de la Russie. Dans les ruelles juives de villages polonais, on entend encore aujourd'hui des mélodies venues du Moyen-Âge allemand : chassés, les ancêtres de Juifs y sont partis non pas en emportant l'or de ces

pays mais leurs chants qui, aujourd'hui, grâce à leur voix, résonnent encore plus fort et viennent nous émouvoir alors que nous-mêmes, sans y prendre garde, les avons oubliés. Quand, en terre étrangère, l'Allemand a besoin d'aide, quand il cherche des hommes parlant sa langue, où les trouve-t-il ? Dans le magasin d'un apothicaire juif dans le Caucase, dans un atelier de tailleur juif près d'un puits du désert d'Arabie. En Pologne, on a dépouillé et jeté en prison des familles juives pour avoir revendiqué leur identité allemande ; et une fois parties pour l'Allemagne, le même destin s'abat de nouveau sur elles. Quel amour malheureux ! Car vous ne pourrez pas croire que les Juifs sont incapables d'aimer notre pays pour la seule raison qu'ils sont d'une tribu étrangère. De nombreuses tribus, Francs, Frisons, Vendes, ne se sont-elles pas mêlées pour constituer le peuple allemand ? Napoléon n'était-il pas corse ? Vous-mêmes n'êtes-vous pas venu d'un pays voisin ?... Si comme moi vous aviez vu les larmes de ces mères juives, les visages des pères, blêmes de stupeur, les yeux des enfants, vous comprendriez cette ardente inclination que seuls peuvent ressentir des peuples qui ont longtemps erré sans trouver la paix. Car ils sont plus attachés à leur terre que ceux qui ne l'ont jamais perdue. » J'aime l'Allemagne «, voici ce que j'entendais un fils, une fille dire, ces derniers jours, à leurs parents, qui, bouleversés par les menaces incessantes pesant en cette heure, voulaient quitter le pays pour toujours. » Partez-seuls «, disaient-ils à leurs parents. » Oui, nous préférons mourir, je ne peux pas trouver le bonheur à l'étranger ! « Une telle force de sentiment n'est-elle pas admirable ?

Monsieur le Chancelier du Reich ! Il n'y va pas seulement du destin de nos frères juifs. Il y va du destin de l'Allemagne ! C'est au nom du peuple, pour lequel je ne me sens pas moins le droit que le devoir de parler, comme quiconque est de ce sang, c'est comme Allemand, à qui le don de la parole n'a pas été fait pour qu'il se fasse complice en se taisant alors que son cœur se serre d'indignation, que je m'adresse à vous : Mettez un terme à ces agissements ! Le judaïsme a survécu aux geôles de Babylone, à la servitude en Égypte, aux tribunaux de l'Inquisition en Espagne, aux tourments des croisades et à mille six cents pogroms en Russie. C'est avec cette même ténacité qui a permis à ce peuple de vieillir, que les Juifs surmonteront aussi ce danger – mais l'opprobre et le malheur qui en rejailliront sur l'Allemagne resteront longtemps gravés dans les mémoires. Car qui sera forcément touché par le coup que l'on porte aujourd'hui contre les Juifs, qui d'autre que nous-mêmes ? Si les Juifs ont fait leur l'âme allemande, s'ils ont augmenté nos richesses, alors inévitablement, en détruisant leur destin, on portera atteinte à des biens allemands. L'Histoire nous enseigne que les pays qui chassèrent les Juifs hors de leurs frontières durent toujours expier cet acte par la misère, qu'ils furent livrés à la pauvreté et au mépris. Certes, on ne frappe plus les Juifs en pleine rue comme ce fut le cas dans les premiers jours, on respecte leur vie en public pour la leur prendre secrètement de façon encore plus douloureuse. Je ne sais pas combien de ces nouvelles que l'on se murmure dans le peuple sont vraies. Des quartiers entiers sont livrés au pillage, des enseignes s'embrasent la nuit au-dessus des maisons, des camions ornés de fanions et chargés de militaires qui chantent chassent en hurlant le long des rues, et chacun observe avec angoisse ce torrent qui menace de tout arracher. Et dans ces heures les plus dures que l'on puisse faire vivre à des hommes, on ajoute, dans les journaux et dans les images, le sarcasme à la tristesse de l'humiliation. Cent ans après Goethe, après Lessing, nous retournons à la plus dure des peines de

tous les temps : à l'ardeur aveugle de la superstition. L'inquiétude et l'insécurité grandissent, partout des trains surchargés en direction de l'étranger, des plaintes de désespoir, des scènes d'effroi, des suicides ! Et tandis qu'une partie du peuple, qui jamais ne pourrait défendre un tel comportement devant sa conscience, acclame et applaudit à ces événements en espérant en tirer quelque profit, elle abandonne la responsabilité au gouvernement, qui poursuit ces mesures de froide expulsion. Et c'est peut-être pire qu'un massacre, c'est en tout cas moins excusable, parce que c'est le résultat de mûres réflexions et que ça ne peut avoir d'autre issue qu'un entre-déchirement de notre peuple.
Car quelle en sera inévitablement la conséquence ? Au fondement moral de la justice se substitue l'appartenance à une espèce, à une tribu. Ce qui jusqu'à présent, dans la vie d'un peuple, déterminait l'attribution des fonctions, ce n'était ni la croyance, ni l'appartenance à un clan, mais les actes seuls. Vous-mêmes avez salué l'esprit créateur comme la propriété la plus précieuse d'un peuple, et ses inventeurs et ses penseurs comme ses forces les plus nobles. Mais désormais, l'incapable, l'homme sans conscience pourra se dire : je pourrai accéder à ces fonctions tout simplement parce que je ne suis pas juif, le fait que je sois allemand suffit, oui, derrière cette enseigne, je pourrai peut-être commettre quelque mauvaise action en toute impunité. Au moment où les flagorneurs et les flatteurs, poussés par le seul souci de se rendre utiles aux nouveaux maîtres, s'abaissent devant une doctrine qui leur est étrangère et pour laquelle vous et vos amis avez risqué votre vie et votre réputation, on délivre les mandats d'arrêt du sang, on expose le cœur des familles au vent de bas instincts et on les fait persécuter quand il s'agit d'écarter un concurrent gênant. La participation à la guerre est-elle d'une quelconque importance

pour l'art et le talent d'un médecin ? Si Walter Rathenau, ministre du peuple allemand dans les temps les plus durs de l'après-guerre, était encore de ce monde, ne pourrait-il être ni médecin ni avocat sous prétexte qu'il ne s'est pas battu sur les champs de bataille mais a seulement préservé la patrie d'une défaite précoce en établissant une économie de guerre que l'État n'avait pas su mettre en œuvre. La balle qui lui était destinée ne venait pas des tranchées mais de l'embuscade que lui avait dressée la paix, et il ne lui a pas pour autant exposé sa poitrine avec moins de courage. La distinction entre le bien et le mal est levée, et la communauté du peuple n'est-elle pas de ce fait remise en question ? Vous me répondrez que le sang allemand nous interdit d'agir sans honneur – certes, l'origine et l'héritage sont porteurs d'obligations, mais, me semble-t-il, beaucoup plus obligation de se battre pour le Juif que contre lui. Il est peut-être vrai que les Juifs, ces derniers temps, n'ont pas donné beaucoup de héros dans le maniement de l'épée quand on les compare aux guerriers de notre peuple. Mais ils n'en ont pas donné moins de sages, de martyrs et de saints. Même les sauveurs du peuple tiré de son sommeil seront forcés de reconnaître qu'ils ne peuvent pas plus se passer de saints que de ceux dans lesquels la voix d'ancestrales annonciations et de la plus haute loi morale de la terre ne s'est jamais tue. Car pourquoi, dans le monde, persécute-t-on, pourquoi hait-on ces singuliers étrangers ? Parce que ce peuple a placé au-dessus de tout la loi et la justice, parce qu'il a aimé et respecté la loi comme il l'aurait fait d'une fiancée, et parce que ceux qui souhaitent l'injustice ne détestent rien plus que ceux qui exigent le droit.

Monsieur le Chancelier du Reich, les peuples comme les hommes ne se connaissent pas, c'est là leur plus grand défaut. Les Allemands se sont-ils jamais donné la peine de prendre en compte ce que, depuis leur jeunesse, ils évitaient comme la peste, préjugé qui n'a pas non plus épargné certains Juifs, qui commencèrent à avoir honte de leurs origines pourtant dignes d'admiration. Oui, à vous en croire, ceux que vous et vos amis combattez, ne sont en vérité plus des Juifs, mais des renégats qui, égarés par la cupidité et l'attachement aux biens matériels, ont perdu les engagements de leur foi et sont tout autant rejetés par leurs frères juifs que par les Allemands. Mais les Allemands se sont-ils mieux comportés ? Les trésoriers des grandes fortunes ne se plaignent-ils pas des Juifs tout simplement parce qu'ils aimeraient prendre leur place ? Les citoyens allemands ont-ils baissé les taux de leurs comptes et de leurs maisons ? Et est-ce en sacrifiant des foules d'innocents que l'on pourra punir les égarements de quelques centaines, qui, dans l'éternel écartèlement de ce peuple entre péché et sainteté, ont trahi le trait le plus profond de leur race ? N'avons nous pas renoncé à la vengeance du sang pour lui préférer la responsabilité de l'individu ? Dans vos discours, vous en appelez au Tout-Puissant – mais n'est-ce pas aussi une toute-puissance qui a mêlé, parmi les Allemands, les éléments dispersés de ce peuple, comme on mêle le sel au pain ? Ne sont-ils pas pour nous, socialement et moralement, des éléments indispensables en ce qu'ils nous servent de repères et nous permettent de mieux distinguer tant les faiblesses que les qualités de notre être propre. Vous vous appuyez sur le fait que l'Allemagne est dans la détresse, mais au lieu de défendre la cause de tous les opprimés, on calme le malheur d'une partie du peuple par le malheur de l'autre, oui, on s'accorde même à dire que la culpabilité des Juifs est nécessaire au salut de la patrie. Mais il n'y a pas de patrie sans justice ! Sur cent Allemands, il y a toujours un Juif ; et il serait le plus fort ? Un peuple puissant ne s'abaisse-t-il pas lui-même quand il livre des êtres sans

défense à la haine d'individus déçus ? Vous parlez des Juifs qui, par leur arrogance, éveillent l'animosité. Mais n'y sommes-nous vraiment pour rien ? Si les Juifs ont contribué à préparer le terrain à des idées subversives, leur colère ne venait-elle pas de ce que nous les traitions injustement ? Depuis notre jeunesse, ne nous les avons-nous pas humiliés, et le fait de partager un destin commun n'a-t-il pas pour conséquence que l'on partage aussi le droit et la culpabilité ? Je conteste cette croyance insensée selon laquelle tous les malheurs du monde viendraient des Juifs, je la conteste avec le droit, avec les preuves, avec la voix des siècles, et si je vous adresse ces mots, c'est parce que je ne sais plus d'autre chemin pour me faire entendre. Ce n'est pas en ami des Juifs mais en ami des Allemands, en descendant d'une famille prussienne qui peut reconstituer l'histoire de ses ancêtres jusqu'aux Croisades, c'est par amour pour mon propre peuple que je vous adresse ces mots. Si tous, ces jours-ci, gardent le silence, je refuse, moi, de me taire plus longtemps face aux dangers qui menacent l'Allemagne.
L'opinion de la masse se transforme vite en son contraire. Il se peut qu'elle condamne bientôt ce qu'aujourd'hui elle exige à grand bruit. Quel que soit le temps qui s'écoule, arrive toujours l'heure de la délivrance des martyrs tout comme celle du châtiment pour les criminels. Un jour viendra où le premier avril de cette année n'appellera plus qu'une honte douloureuse dans la mémoire des Allemands, si un jour ils laissent leurs cœurs porter un jugement sur les actes qu'ils ont commis. Si l'Allemagne a véritablement été calomniée, était-il nécessaire de prendre de telles mesures pour défendre seulement une bonne conscience ? On nous assure que les pays étrangers se sont totalement calmés. Mais alors pourquoi continue-t-on ces persécutions en silence ? N'y avait-il pas de moyen plus simple

pour faire face à une calomnie qui parlait de méfaits. Au lieu d'humilier les Juifs, ne pouvions-nous leur donner des gages de notre amitié ? La médisance n'est-elle pas condamnée à se taire dès lors qu'on lui oppose des actes inspirés par la compréhension et par l'amour ? La meilleure conversion n'est-elle pas toujours celle qui est suscitée par la bonne action ?

Monsieur le Chancelier du Reich ! C'est du tréfonds d'un cœur déchiré que je vous adresse ces mots, et ce ne sont pas les miens, c'est la voix du destin qui vous met en garde par mes paroles : protégez l'Allemagne en protégeant les Juifs ! Ne vous laissez pas tromper par les hommes qui combattent à vos côtés ! Vous êtes mal conseillé ! Interrogez votre conscience comme en cette heure où, rentrant de la guerre au milieu d'un monde déchaîné, vous avez pris seul le chemin des combats qui sont les vôtres. Cela a toujours été le privilège des grandes âmes de s'avouer dans l'erreur. Ce dont la foule a besoin, c'est d'un signe visible. Réintégrez dans leurs fonctions ceux qui en ont été chassés, les médecins dans les hôpitaux, les magistrats dans les cours de justice, ne fermez pas plus longtemps les écoles aux enfants, soignez les cœurs inquiets des mères, et le peuple entier vous en sera reconnaissant. Car à supposer que l'Allemagne puisse se passer des Juifs, elle ne peut se passer de son honneur ni de sa vertu !
De la crypte de son tombeau centenaire, le sage Immanuel Kant vous crie : » Il n'y a qu'une seule vraie foi, même s'il peut y avoir plusieurs confessions «. Suivez cet enseignement que vous révèlera aussi la compréhension de chacun de ceux que vous combattez aujourd'hui. Que serait une Allemagne sans vérité, sans beauté et sans justice ? Si un jour les villes étaient détruites, les familles exsangues, si les paroles de tolérance se taisaient à jamais, les montagnes de notre patrie continueraient,

il est vrai, de s'élever fièrement vers le ciel, et au-dessus d'elles les forêts éternelles continueraient de murmurer, mais elles ne seraient plus emplies de l'air de liberté et de justice que nous ont légué nos pères. C'est avec honte et mépris qu'elles parleront alors des générations qui, de façon inconsidérée, n'ont pas seulement mis en jeu le bonheur du pays mais ont aussi à jamais souillé sa mémoire. Nous voulons de la dignité quand nous exigeons la justice. Je vous en conjure ! Préservez la générosité, la fierté, la conscience sans lesquelles nous ne pourrions vivre, préservez la dignité du peuple allemand !

Quellennachweis

Den Text „Brief an Hitler“ übergab Armin T. Wegner in der hier gedruckten Fassung dem Peter Hammer Verlag, Wuppertal 1973 für die erste Sammlung seiner Schriften, die unter dem Titel „Fällst du, umarme auch die Erde“ erschien und von Wegner selbst zusammengestellt wurde. Der Brief wurde in die Anthologie „Odyssee der Seele“, Ausgewählte Werke (1976/2001), herausgegeben von Ronald Steckel, wiederum aufgenommen (ebenfalls im Peter Hammer Verlag). Die Textfassung weicht geringfügig ab von jenem Brief, dessen Eingang am 8. Mai 1933 von Martin Bormann bestätigt wurde. Der Originaltext ist enthalten in „Armin T. Wegner, Gesellschaftserfahrung und literarisches Werk“ von Johanna Wernicke-Rothmayer (Verlag Peter Lang, Frankfurt/Bern).